BÉLISAIRE,

OPÉRA EN QUATRE ACTES,

Paroles de M. H. LUCAS

(TRADUCTION DE L'ITALIEN),

Musique de M. DONIZETTI.

Prix : 2 francs.

PARIS,

CHEZ PACINI, ÉDITEUR DE MUSIQUE,

11, BOULEVART DES ITALIENS.

1842

BÉLISAIRE,

OPÉRA EN QUATRE ACTES,

PAROLES

DE M. H. LUCAS,

MUSIQUE

DE M. DONIZETTI.

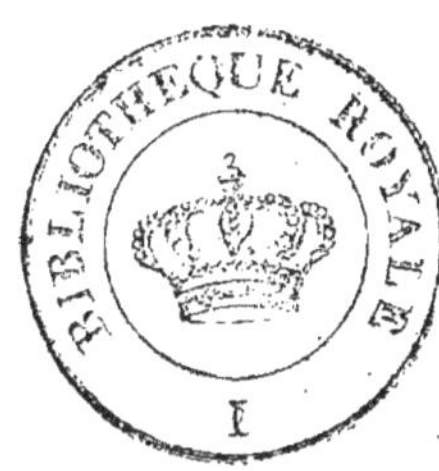

PERSONNAGES :

JUSTINIEN, empereur d'Orient.
BÉLISAIRE, chef suprême de l'armée.   *BARROILHET.*
ANTONINE, femme de Bélisaire.
IRÈNE, leur fille.
ALAMIR, prisonnier de Bélisaire.   *DUPREZ.*
EUDORA, amie d'Irène.
EUTROPE, chef de la garde impériale.
EUSÈBE, gardien de la prison.,
OTTARIO, chef des Alains et des Bulgares.

CHOEURS.

Sénateurs, Peuple, Vétérans, Alains, Bulgares, Suivantes d'Irène, Paysans de l'Émus.

COMPARSES.

Garde impériale, Prisonniers goths, Guerriers grecs, Pasteurs de l'Émus.

La scène se passe en partie à Bysance, et partie dans le voisinage de l'Émus.
L'époque remonte à l'année 580 de l'ère chrétienne.

ACTE Ier.

Vestibule intérieur du palais impérial. — Un trône à droite. — Bysance dans le fond.

SCÈNE I.	SCÈNE II.
SÉNATEURS, PEUPLE.	IRÈNE, fille de Bélisaire, entre d'un côté; EUDORA s'avance de l'autre, avec ses compagnes.
TOUS.	**IRÈNE.**
Célébrons la victoire	Mon amie, en triomphe il arrive...
Du guerrier dont la gloire	Hâtons-nous de courir sur la rive.
Nous rendra dans l'histoire	Dans ces murs que l'allégresse est vive !
Les rivaux des Romains.	De la foule entends-tu les éclats ?
	Ah ! déjà la fanfare guerrière
Illustre Bélisaire,	A sonné dans Bysance plus fière,
Couronné par nos mains,	Et le peuple a baisé la bannière
Ton nom ira sur terre	
Jusqu'aux derniers humains !	

Qui revient en lambeaux des combats.

(Ils s'éloignent.)

Main vengeresse,
Main du vainqueur,
Que je te presse
Contre mon cœur!
Moment prospère!
Heureux retour!
Tu rends un père
A mon amour!

Troublant mon être,
Des pleurs pieux
Viendront peut-être
Mouiller mes yeux.
Mais dans ces larmes
Parle le cœur.
Qu'il est de charmes
Dans leur douleur!

LE CHOEUR.

O belle Aurore,
Sur ce séjour
Faites éclore
Un brillant jour!

SCÈNE III.

ANTONINE; EUTROPE, entrant par le côté opposé.

ANTONINE.

Des cris de joie... Ecoute..!

EUTROPE.

Oui, la foule
Sur le rivage ainsi qu'un torrent roule
Pour fêter ton époux

ANTONINE.

Lui! ce monstre homicide...!

EUTROPE.

Ciel! que dis-tu?

ANTONINE.

J'ai contre ce perfide
Un trop juste courroux.
J'ai su de Procle un terrible mystère.
L'esclave a dit, à son heure dernière,
Qu'il avait dû, forcé par Bélisaire,
Tuer mon fils... Mais, tout près de frapper,
Sa main sentit le glaive s'échapper.

Alors, plein d'épouvante,
Il prit la fuite, et, sur des bords déserts,
Abandonna sa victime vivante
Aux habitants des forêts ou des mers.

EUTROPE.

Qu'ai-je entendu? Lui que partout on vante!

Va, je te plains.

ANTONINE.

Que de maux j'ai soufferts!

Air.

De l'enfant, quand il succombe,
On possède au moins la tombe.....
Ah! toujours un ruisseau tombe
De mes yeux, source de pleurs!

De ma douce créature
Un monstre a fait sa pâture...
Il n'est rien dans la nature,
Rien d'égal à mes douleurs!

EUTROPE.

Calme-toi, cet homme impie
Doit payer son crime affreux :
Par sa perte qu'il l'expie!
Mais tu sais quels sont mes vœux,
Et ta main...

ANTONINE.

La trame est sûre,
N'est-ce pas?

EUTROPE.

Oui, l'imposture
Ne pourra se découvrir ;
On croit voir son écriture.

(Il montre les tablettes.)

ANTONINE.

Aucun doute.

EUTROPE.

Je le jure.

ANTONINE.

C'en est fait, il va périr.

O désir de la vengeance,
Tu soutiens mon existence !
J'ai pleuré dans la souffrance,
Et mes pleurs veulent du sang.

EUTROPE.

Ton désir est légitime,
Nous allons punir son crime;
Il sera bientôt victime,
Malgré tout, d'un art puissant.
Pour cacher encor l'abîme,
Prends un air calme, innocent.

(Les gardes impériales commencent à se ranger sous le vestibule. Antonine et Eutrope se retirent.)

SCÈNE IV.

JUSTINIEN et les Gardes.

JUSTINIEN.

Gloire au Dieu de la guerre,
Dont la main tutélaire,

Pendant sa course entière,
A soutenu l'essor
Du vainqueur des Barbares,
Qui, protégeant nos Lares,
Met des fleurons si rares
A ma couronne d'or !

SCÈNE V.

Triomphe de Bélisaire. Les soldats, suivis du peuple, des magistrats et du sénat. Marche triomphale. Des guerriers portent des trésors, parmi lesquels se trouvent la couronne et le manteau de Vitigès, roi des Goths.

CHOEUR.

Hymne de la victoire,
Va, répands notre gloire,
Chant de joie et d'honneur!
Jusqu'au bout de la terre,
Comme un souffle de guerre,
Porte notre valeur !
Qu'au nom de Bélisaire,
Tout tremble de frayeur !

SCÈNE VI.

BÉLISAIRE paraît sur un char magnifique : il a le front ceint d'une couronne de lauriers, et, sous le manteau de pourpre, on entrevoit son armure dorée. Autour du vainqueur se tiennent les prisonniers goths, parmi lesquels se trouve ALAMIR. Les vétérans ferment la marche.

LE CHOEUR.

Vaillant chef de l'armée,
Qui nous rends triomphants,
Vive ta renommée
Jusqu'à la fin des temps!

BÉLISAIRE.

César, j'ai triomphé. Cette riche Italie,
D'un doux sourire à jamais embellie,
Est le prix du vainqueur.
Vois à tes pieds ces dépouilles opimes,
Ces prisonniers, courageuses victimes,
Dignes d'un sort meilleur.
César, si ta clémence
A mes succès offre une récompense,
J'implore ici de toi leur délivrance :
La liberté se doit à la valeur.

JUSTINIEN.

Guerrier humain, toujours grand, Bélisaire,
Selon tes vœux, prends soin de leur misère ;
Disposes-en. Mais toi, viens sur mon cœur,
Prends part à notre joie,

Et qu'à nos yeux la fête se déploie.
Ballet.
JUSTINIEN (*descendant du trône*).
Allons, que tout partage ici notre bonheur !
(Il sort, suivi des magistrats, du sénat et des gardes. Le peuple recule dans le fond.)

SCÈNE VII.

BÉLISAIRE, LES PRISONNIERS.

BÉLISAIRE.

Je romps vos fers.
(Les prisonniers tombent à ses genoux ; ils se relèvent et partent. Alamir reste seul.)
Alamir, à ta place
Pourquoi rester ? Ce don...

ALAMIR.

Je t'en rends grâce ;
Mais je ne puis m'éloigner de ces lieux.
La liberté serait un don funeste
Loin de ta vue...

BÉLISAIRE.

Eh bien, près de moi reste;
Mais sois libre comme eux.
(Ils s'embrassent.)
(A part.)
Oui, mon trouble l'atteste,
Un même attrait nous attire tous deux.

Quand, respirant à peine,
Ensanglantant ta chaîne,
Au bord du Trasimène
Tu parus devant moi,
Une voix douce, humaine,
Prévint mon cœur pour toi.

ALAMIR.

Ah! si de Bélisaire
La porte hospitalière
Accueille ma misère,
Mon sort deviendra beau.
La mort est moins amère
Où l'on eut son berceau.

BÉLISAIRE.

Es-tu Grec? Pourquoi le taire ?

ALAMIR (*à part*).

Je ne sais.

BÉLISAIRE.

Quel est ton père?
Parle donc !

ALAMIR.

C'est un mystère.
Un Barbare m'a nourri.

BÉLISAIRE.

Désormais sur cette terre

Ta jeunesse solitaire
Va trouver un sûr abri.
J'eus un fils, qu'encor je pleure ;
Prends sa place en ma demeure :
Alamir, rends-moi ce fils.

ALAMIR.

Moi ton fils ! destin prospère !
Je serais près d'un tel père !

BÉLISAIRE.

Sous mon toit.

ALAMIR.

    Puis à la guerre.

BÉLISAIRE.

Oui, partout.

ALAMIR.

    Toujours unis !

Duo.

Dans les champs de la gloire,
Pour que notre mémoire
Brille un jour dans l'histoire,
Nous combattrons tous deux.
La mort ou la victoire
Couronnera nos vœux !

SCÈNE VIII.

IRÈNE, EUDORE, Suivantes; ANTONINE.
Les Mêmes.

IRÈNE.

Mon père !

BÉLISAIRE.

Embrasse-moi : viens, le Ciel nous
     [rassemble.

IRÈNE.

Quelle joie !

BÉLISAIRE.

Ah ! que vois-je ! Antonine ! elle
     [tremble...
Pourquoi cette tristesse est-elle sur ton front
Dans ces instants d'allégresse commune ?
Dis, quel nouveau malheur a changé ma fortune ?

ANTONINE.

Je ne porte le deuil d'aucun récent affront.
Noble vainqueur, rassure ta pensée :
Ta maison est encor comme tu l'as laissée.
Un nouveau malheur ! Non.
Procle a vu seulement ravir sa destinée
De cette terre aux maux, aux fautes condamnée,
Au crime même... ·

BÉLISAIRE.

Au ciel qu'il obtienne pardon !

SCÈNE IX.

EUTROPE, Gardes. Les Mêmes.

EUTROPE (*à Bélisaire*).

César m'envoie à toi ; remets-moi ton épée.

ALAMIR.

Comment ?

BÉLISAIRE.

Par quel délire !

EUTROPE.

    Ah ! trop long-temps
     [trompée,
La bonté de César te fit un doux accueil.
De la justice enfin le jour se lève...

BÉLISAIRE.

O surprise !

EUTROPE.

Humilie à ses pieds ton orgueil.
Point de vains discours... Ton glaive...

IRÈNE.

Oses-tu !

ALAMIR.

Misérable... !

BÉLISAIRE.

    Enfants, ne dites rien.
Mais le glaive de Bélisaire
N'est fait que pour un bras aussi fier que le sien.
(A Alamir.)
Je te le confie.

IRÈNE.

    O mon père !

ALAMIR.

Je saurai m'en servir.

ANTONINE.

Mon avide vengeance enfin va s'assouvir.

SCÈNE X.

Palais sénatorial. — Plusieurs siéges, parmi lesquels
il s'en trouve un plus élevé pour l'empereur. Sur
une table, le volume de la loi, à côté d'une épée.

CHŒUR DE SÉNATEURS.

Pourquoi nous réunir ?
Quelle disgrâce
Nous faut-il prévenir ?
Qui nous menace ?
Qui donc punir ?

Que va-t-il advenir ?
Crainte mortelle !
La patrie en danger
Nous mande-t-elle
Pour la venger ?

Voyez se diriger

César tout sombre
Au conseil assemblé.
D'ennuis sans nombre
Tout accablé,
Qui l'a troublé?

SCÈNE XI.

LES MÊMES, JUSTINIEN.

(Justinien va s'asseoir ; sur un signe de lui, tous
prennent leurs sièges en silence.)

JUSTINIEN.

Nobles soutiens que l'état range
Autour du trône, ô vous dont je connais la foi,
Un événement étrange
Au milieu des plaisirs vient répandre l'effroi.
Devant vous va paraître
Un coupable..., ô ciel ! un traître,
Dont la présence, en surprenant vos yeux,
Glacera le sang dans vos veines.

SÉNATEURS.

Mais qui donc?

JUSTINIEN.
Bélisaire.

SÉNATEURS.

On l'amène en ces lieux,
Lui, le vainqueur, chargé de chaînes !

SCÈNE XII.

LES MÊMES. BÉLISAIRE, au milieu des gardes ;
EUTROPE, du côté opposé.

JUSTINIEN.

Faisons notre devoir.
(Un sénateur s'assied près de la table ; Eutrope va
se placer debout à côté de lui.)

EUTROPE.

De trahison j'accuse Bélisaire.

BÉLISAIRE.

Qu'entends-je ?

EUTROPE.

Oui, ce soir,
De nos soldats, ramenés de la guerre,
Il devait séduire les cœurs.
Tout enivré de sa conquête,
Il voulait mettre sur sa tête,
Au lieu de ses lauriers vainqueurs,
La couronne d'Auguste...
(Il montre Bélisaire avec une rage simulée.)

BÉLISAIRE.

Infâme calomnie !

EUTROPE.

Les lettres où se peint son infernal génie

Attesteront son dessein.
(Il dépose les lettres sur la table).

BÉLISAIRE.

Que vois-je ? Oui, je reconnais ces lignes... !

JUSTINIEN.
Lis-les.

BÉLISAIRE (après avoir lu).

D'horreur je sens frémir mon sein.
O manœuvres indignes... !
Ces billets du pays romain
Furent par moi naguère envoyés à ma femme,
J'en conviens ; mais une odieuse main
Aux tendres vœux échappés de mon âme
A mêlé cet impur poison.

JUSTINIEN.

Eh bien !

BÉLISAIRE.

De cette trahison
Antonine peut seule expliquer le mystère.
Heureux si le destin nous eût joints par l'amour !

JUSTINIEN.
Qu'on l'appelle.

LES SÉNATEURS.
Elle vient.

SCÈNE XIII.

LES MÊMES. ANTONINE, suivie d'IRÈNE
et d'ALAMIR.

BÉLISAIRE.

Fille, épouse, en ce jour,
Le croirez-vous ? Bélisaire,
Par un triste retour du sort,
Du chemin du triomphe est conduit à la mort.

IRÈNE et ALAMIR.

A la mort !

BÉLISAIRE.

(A Antonine.)
A la mort. Ecoute,
Ces billets, que tu perdis sans doute,
Furent dénaturés avec un perfide art.
(Il donne les tablettes à Antonine, qui cherche à
cacher son agitation.)
Dis ce qui vient de moi ; mais, Antonine, ajoute
Ce qu'on a contrefait. Les tiens-tu de ma part
Tels qu'on me les présente ?

ANTONINE (raffermie par un regard
d'Eutrope).

Oui.
BÉLISAIRE.

Oui ! Quel coup
[m'accable !
(Irène, Alamir, Justinien, comme frappés d'un coup
de foudre, font un mouvement de surprise et d'horreur.)

EUTROPE (*à part, en regardant Antonine*).
Elle est à moi.

IRÈNE.
Ma mère !

ALAMIR.
O ciel !

LES SÉNATEURS.
Il est coupable !
Qui l'aurait cru ?

ANTONINE.
Je parle avec sincérité.

ALAMIR.
Cruelle !

BÉLISAIRE.
Oses-tu bien ?

ANTONINE.
J'ai dit la vérité.

BÉLISAIRE.
Malheureux Bélisaire !
Quel destin fut pareil !
Cache-moi ta lumière,
Fuis d'horreur, ô soleil !

ANTONINE.
Mon fils, soutiens ta mère
Dans un dessein pareil !
Qu'il perde la lumière,
Comme toi, du soleil !

IRÈNE.
Oh ! quel cœur sur la terre
Reçut un coup pareil !
Cache-moi ta lumière,
Fuis d'horreur, ô soleil !

ALAMIR.
Je tremble de colère.
Vit-on un sort pareil ?
Cache-moi ta lumière,
Fuis d'horreur, ô soleil !

EUTROPE.
De sa douleur de mère
Qu'elle prenne conseil !

JUSTINIEN et SÉNATEURS.
Que de deuil ta lumière
Se recouvre, ô soleil !

BÉLISAIRE (*conduisant sa fille à Antonine*).
O ciel ! épouse et mère,
Dans ta double fureur,
Tu me ravis l'honneur
Et la prives d'un père.
(Il montre Irène.)
Si tu peux immoler
Tous tes devoirs de femme,
La nature en ton âme
Devrait encor parler !

ANTONINE.
Te fit-elle sensible ?
Père à jamais maudit...!
(Mouvement des sénateurs.)

BÉLISAIRE.
Quoi !

ANTONINE.
Ton secret horrible,
Procle en mourant l'a dit.
(Il se recule en chancelant, et son visage exprime une profonde terreur.)

LE CHOEUR.
Son visage s'altère.

ANTONINE.
Il a tué son fils !

LE CHOEUR.
Il a tué son fils ?

BÉLISAIRE.
Ecoutez...
(Tous les sénateurs se lèvent et entourent Bélisaire d'un air indigné.)

IRÈNE.
O mon père !

TOUS.
Quel trouble en { nos esprits ! { mes
(Bélisaire reste quelques moments sans pouvoir parler. Il fait signe aux sénateurs de lui prêter toute leur attention ; il commence enfin son récit d'une voix entrecoupée.

BÉLISAIRE.
Dans une nuit profonde
Rêvant, je vois le monde,
Où passe comme l'onde
Un torrent de guerriers.
Leur chef est un jeune homme.
C'est mon fils que l'on nomme !
De Bysance et de Rome
Il brûlait les lauriers.

Dans l'horreur où me plonge
L'épouvantable songe,
Redoutant un mensonge,
Aux devins j'ai recours.
Par mon fils la patrie
Devant être asservie,
On demandait sa vie,
Et j'en tranchai le cours...!

IRÈNE, ALAMIR.
O nature ! ô patrie !

JUSTINIEN, SÉNATEURS.
Tristes et cruels jours...!

ANTONINE (*avec force*).
Que l'impie aille enfin dans la tombe !
Le Ciel, las, demande qu'il succombe.

Avec lui que tout son honneur tombe!
O mon fils, soutiens donc ma fureur !

BÉLISAIRE.

Mon honneur sous sa rage succombe,
Et du ciel mon étoile enfin tombe...
   (A Irène.)
Jette au moins quelque jour sur ma tombe,
Mon Irène, une larme , une fleur !

IRÈNE, ALAMIR (*en regardant Antonine*).

Dans son cœur la nature succombe,
Et sa main le conduit à la tombe.
Du héros, hélas! l'étoile tombe !
Tout frémit d'épouvante et d'horreur.

EUTROPE (*regardant Antonine*).

Si la force en son âme succombe,
Que son fils s'élance de la tombe!
Aujourd'hui que Bélisaire tombe ,
Mon amour entrera dans son cœur.

SÉNATEURS, JUSTINIEN, EUTROPE.

D'Orient aussi l'étoile tombe ;
Avec lui notre empire succombe ;
L'ennemi nous vaincra sur sa tombe.
Je frémis d'épouvante et d'horreur.

(Bélisaire est entraîné par les gardes; Irène et Alamir le suivent désolés. Antonine et Eutrope se retirent par le côté opposé. Justinien et les sénateurs paraissent accablés de douleur.

ACTE II.

Un lieu éloigné de Bysance. — D'un côté, l'entrée d'une prison; de l'autre, Vétérans, Peuple.
Divers groupes épars sur la scène.

SCÈNE I.

TOUS.

Oh ! capitaine...!

LES VÉTÉRANS.

    O dures destinées !
Des longs travaux, des batailles gagnées,
Voilà le fruit...!

SCÈNE II.

LES MÊMES, ALAMIR.

    Vous pleurez, mes amis !
La renommée a donc trompé mon âme ?
On prétendait que du sénat infâme
L'arrêt de mort, par l'empereur remis,
En un exil s'était changé...

LE PEUPLE.

    La grâce
Est plus terrible encor que la disgrâce.
Tu ne sais rien, écoute.

ALAMIR.

    Je frémis.

CHOEUR.

César de Bélisaire
Voulait que la paupière
Regrettât la lumière
Dans ces obscurs cachots.
Mais Eutrope, que guide
Un démon homicide,
D'un ordre plus rigide
Substituant les mots...
    (Mouvement d'Alamir.)

A crevé, le perfide,
Les yeux de ce héros!

ALAMIR (*se couvrant le visage.*)

Quelle affreuse nouvelle
Votre voix me révèle !
Action criminelle,
Que puniront les Cieux !
Oh ! la larme rebelle
Se glace dans mes yeux.
Sur la lumière même
Je porte un anathème;
Contre elle je blasphème
Dans ma sombre douleur.
De ce guerrier que j'aime
Je verrai le malheur !

LE CHOEUR.

Ciel! sa fille !

SCÈNE III.

LES MÊMES. IRÈNE, EUDORA; SUIVANTES.

ALAMIR.

    Oh ! ta présence,
Ta douleur, prouvent d'avance
Que ton cœur a connaissance,
O mon Dieu, du crime affreux...

IRÈNE.

On eut soin de m'en instruire.

ALAMIR.

Et quel guide va conduire
Dans l'exil ce malheureux?

IRÈNE.

Moi.

ALAMIR.

C'est bien. Mais il me reste
Un devoir. Oui, je l'atteste,
D'une injure si funeste
Je saurai venger ton nom.

(Il brandit son glaive.)

D'une main vraiment céleste
J'ai reçu ce noble don...

(Il brandit l'épée.)

De ton père, pauvre Irène,
Va consoler la douleur,
(Oh! sa peine augmente ma peine;
Ses soupirs brisent mon cœur).

Tremble, Bysance,
Car ma vengeance
Sur toi balance
Ce fer puissant.

Bientôt nos armes
Paieront ses larmes
Par tes alarmes
Et par ton sang.

IRÈNE.

L'arrêt infâme
Brise mon âme.
Honteuse trame!
Père innocent!

CHOEUR.

Plainte terrible!
Est-il possible
D'être insensible
A son accent?

(Alamir sort.)

IRÈNE.

Séparons-nous, amis de mon enfance,
De ma pauvre mère ayez soin.
Ne pleurez plus, laissez-moi ma constance;
Mais seulement, lorsque je serai loin,
Versez des pleurs sur mes jours misérables;
Gardez d'Irène un souvenir bien cher.

(Après un moment de silence, elle s'approche des
portes de la prison.)

Je touche en frissonnant ces portes redoutables,
Comme si j'approchais des portes de l'enfer!

(Elle frappe; les portes s'ouvrent. Elle recule
d'horreur.)

SCÈNE IV.

BÉLISAIRE, EUSÈBE; GARDES.

BÉLISAIRE.

Cet air est pur, ma poitrine respire...

(Il a un bandeau sur les yeux.)

Je suis donc libre aujourd'hui!

IRÈNE.

Terrible vue...!

(Sans se tourner, elle donne le décret au geôlier,
qui, après l'avoir lu, dit à Bélisaire :)

LE GEOLIER.

Un décret de l'empire
Donne à tes pas un généreux appui.
(A part.)
Ah! de mon sein un long soupir s'exhale.
O noble Irène! ô fille sans rivale...!

BÉLISAIRE.

Toi qui dois être, en cette nuit fatale,
L'étoile de mes jours,
Approche, viens. Ta main, que je la presse!

IRÈNE.

Ciel!

BÉLISAIRE.

(Irène lui donne la main.)
Pour un tel secours,
Pour t'émouvoir ainsi de ma détresse,
Tu souffres donc?

IRÈNE.

Mes pleurs n'ont plus de cours
Et mes soupirs m'étouffent.

BÉLISAIRE.

D'abord, vole
Vers ma maison... Que ton cœur me console
Dans mon dernier espoir.
Je voudrais voir mon Irène, ma fille...!
La voir... J'oublie, hélas! que le jour brille
Pour d'autres yeux, que je ne puis la voir...
Si le Ciel ne peut me rendre
Cette vue, oh! sa voix tendre,
Je voudrais au moins l'entendre.
Que j'embrasse Irène encor!
A-t-on droit de me défendre
De bénir ce doux trésor?

IRÈNE.

Dieu, soutiens mon âme et m'aide...!
Au chagrin qui me possède,
Défaillante, enfin je cède;
Je me sens prête à mourir.
Ah! ma peine est sans remède;
Je n'en puis jamais guérir.

(Irène baise les mains de son père et les mouille de
larmes.)

BÉLISAIRE.

Quoi! des pleurs!

IRÈNE.

Père...!

BÉLISAIRE.

C'est elle!
C'est sa main...

IRÈNE.

Sa main fidèle... !

(Elle tombe aux genoux de son père.)

BÉLISAIRE.

Toi ! ma fille !

IRÈNE.

A vos genoux !

BÉLISAIRE.

Dans mes bras, où je t'appelle
Pour toujours...

IRÈNE.

Oui, près de vous.

BÉLISAIRE.

Ah ! si mes yeux encore
Pouvaient sentir éclore
Des larmes que j'implore,
Je ne me plaindrais pas.
Tu seras mon aurore,
Ma lumière, ici-bas.

IRÈNE.

Dans l'exil solitaire
Je veux guider mon père,
D'une existence amère
Soulageant le fardeau.
De sa sombre paupière
Je serai le flambeau.

BÉLISAIRE.

Quel destin redoutable !
Quoi ! suivre un misérable
Sans abri secourable... !

IRÈNE (avec enthousiasme.)

Un antre pour maison,
Une pierre pour table,
L'eau des champs pour boisson... !

BÉLISAIRE.

Ciel, errant de la sorte
Dans les déserts !

IRÈNE.

Qu'importe !

BÉLISAIRE.

Mais si la mort emporte,
Malgré ton doux appui,
Ton père...

IRÈNE.

Irène morte
Tombera près de lui.

BÉLISAIRE.

Sois mon guide tutélaire,
O bel ange de lumière ;
Viens remplacer pour ton père
Le soleil, qu'il ne voit plus.
Oh ! ma fille m'est plus chère
Que les yeux que j'ai perdus.

IRÈNE.

Tu protéges le courage
Du mortel que l'on outrage ;
Dieu, bénis notre voyage,
Qui n'aura pas de retour.
Garde-nous de tout orage,
Dieu de paix, ô Dieu d'amour !

ACTE III.

Dans le fond, les hauteurs de l'Émus ; sur les côtés, des arbres et des rochers.

SCÈNE I.

BÉLISAIRE descend appuyé sur le bras d'IRÈNE ;
ils paraissent fatigués d'une longue marche.

IRÈNE.

Reposez-vous, après une si longue route,
Vos membres las ont grand besoin sans doute
D'un doux repos.
(Elle fait asseoir Bélisaire sur un fragment de rocher ;
elle se place aux pieds de son père, en reposant sa
tête sur les genoux du vieillard.)
BÉLISAIRE (d'une voix douce, et en caressant
le front de sa fille).

C'est toi que mon cœur plaint.
L'astre de ton bonheur, en la céleste voûte,
Comme mes yeux s'est éteint.

Romance.

BÉLISAIRE.

I.

Souviens-toi du vieillard antique,
De l'auguste et malheureux roi,
Qui, par les sentiers de l'Attique,
Errait, aveugle, ainsi que moi.
Antigone, à l'âme héroïque,
Soutint son père comme toi.
Oh ! de mon Irène adorée
La mémoire, de même, un jour
Doit être chère et vénérée
Comme un doux symbole d'amour.

II.

Jadis, dans la belle Italie,
On vint m'offrir un sceptre d'or.
De gloire l'âme trop remplie,
Je refusai pour vaincre encor.
Pardonne à ma noble folie,
Toi, sans asyle, sans trésor...!
(*Tous deux, à genoux.*)

BÉLISAIRE.

Mon Dieu! que mon Irène reste
Jusques à la mort mon soutien...
Laisse-moi ce bienfait céleste,
Mon Dieu! je ne regrette rien...

IRÈNE.

Exauce-moi : fais que je reste
Jusques à la mort son soutien...
Laisse-moi ce bienfait céleste,
Mon Dieu! je ne regrette rien...

(On entend le son lointain des trompettes, répété par
les échos environnants.)

BÉLISAIRE.

O ciel! qu'entends-je?
Les sons perçants d'une musique étrange
Font résonner la vallée et les monts.

IRÈNE.

Grand Dieu!

BÉLISAIRE.

Dis : ces clairons...

IRÈNE (*montée sur le rocher pour regarder au
loin*).
Guident les pas d'une innombrable suite
D'hommes armés... Fuyons!

BÉLISAIRE.

Fuir! Bélisaire a-t-il appris la fuite?

IRÈNE.

Venez au moins dans ces antres profonds...
(Elle entraîne son père dans une anfractuosité du
rocher.)

SCÈNE II.

Des sommets de l'Emus descend une horde d'Alains
et de Bulgares; ALAMIR et OTTARIO en sont les
chefs. Le chœur est accompagné du son des in-
struments barbares, toujours répété par les échos.

CHOEUR DES BARBARES.

Qu'à notre chant de guerre,
Tel qu'un tonnerre,
Tremble la terre,
Tremblent les cieux!
Quand ce clairon résonne,
Il n'est personne
Qui ne frissonne,
Jeunes ou vieux

SCÈNE III.

BÉLISAIRE; IRÈNE, que l'on aperçoit à l'entrée
du rocher. LES MÊMES, ALAMIR.

ALAMIR.

O guerriers intrépides,
Cette poussière aux tourbillons rapides,
Dont nous voyons la plaine s'obscurcir,
Cache les Grecs. Bientôt l'heure des braves
Va sonner...

BÉLISAIRE (*à mi-voix*).
Ciel!

IRÈNE (*à mi-voix*).
C'est la voix d'Alamir!

CHOEUR DES BARBARES A ALAMIR.

Nous suivront-ils, tous ces soldats esclaves?

ALAMIR.

Dès que le nom du vaillant Bélisaire
Sortira de nos rangs,
Ces vieux guerriers, qu'il commandait naguère
Et qui sous lui triomphèrent long-temps,
Courront à la vengeance...!

LES BARBARES.

Vers l'ennemi marchons.

ALAMIR.

Que l'on s'avance.
Jusques aux cieux jetez
Le cri de guerre!

LES BARBARES.

Aux armes...!

BÉLISAIRE.

Arrêtez!
(Il s'avance en jetant son bâton à leurs pieds; attitude
majestueuse.)

ALAMIR.

Que vois-je! Bélisaire...!
Qu'à tes pieds...

BÉLISAIRE.

Lève-toi!
Tu n'as pas droit d'en baiser la poussière.
Mon nom te sert à répandre l'effroi :
C'est l'instrument de ton injuste guerre.
Tu n'es pas Grec ; je ne suis pas ton père...

ALAMIR.

Grec! pour l'honneur j'ai du moins combattu...
Sur le Bosphore, un jour, par un Barbare
Recueilli....

IRÈNE.

Que dis-tu?

BÉLISAIRE (*appuyé sur l'épaule d'Irène*).
Quel cri! quel trouble!

IRÈNE.

O rencontre bizarre!

Procle autrefois n'a pas tué ton fils ;
Il respecta, je l'ai su de ma mère,
   Les destins d'Alexis...!
      BÉLISAIRE.
   Ciel ! Et quelle chimère !
      (A Alamir.)
Le cœur me bat... Tu dis...
      ALAMIR.
        La vérité.
(Il tire de son sein une croix attachée à une chaîne.)
Sur un symbole, un gage de famille,
   Dès l'enfance porté,
Sur cette croix, je le jure.
      BÉLISAIRE.
        Ah ! ma fille ,
Quel est ce gage ?
      IRÈNE.
       On voit inscrits au bord
Ces mots sacrés : *Tu vaincras par ce signe !*
      BÉLISAIRE.
Pour préserver son enfant de la mort,
   De ce symbole insigne
Ta mère avait fait choix.
      IRÈNE et ALAMIR.
       Ciel ! quel transport !
       { Est-ce lui ?
LES TROIS {   Quel prodige !
       { Est-ce moi ?
      IRÈNE et ALAMIR.
Parle, de grâce ! eh bien...?
      BÉLISAIRE.
Ce symbole, vous dis-je,
C'était, c'était le sien.
Fus-tu mis sur la rive,
A l'endroit...
      ALAMIR (*l'interrompant*).
       Où le pont
Dans le Bosphore arrive
Superbe , et s'y confond.
      IRÈNE.
C'était là.
      BÉLISAIRE (*à part*).
       Prends courage,
Mon cœur.
      IRÈNE.
       Ah ! quel moment !
N'as-tu pas d'autre gage...?
      ALAMIR.
Un autre ? Oui, vraiment.
Près de moi le Barbare
Ramassa ce poignard.
      BÉLISAIRE.
   O mes yeux !

      IRÈNE.
   Il est rare...
      BÉLISAIRE.
Y voit-on, avec art
Sculpté sur la poignée...
      ALAMIR (*l'interrompant*).
Junius tuant ses fils !
      BÉLISAIRE.
C'est mon arme...!
      IRÈNE.
       Alexis !
Mon frère...
      ALAMIR.
      O destinée !
Moi son fils ! tant d'honneur...!
      LE CHŒUR.
Son fils !
      IRÈNE.
   Frère !
      ALAMIR.
      Ma sœur !
Mon père !
      BÉLISAIRE.
   Viens sur mon cœur !
      (A trois.)
O jour plein de bonheur !
(Alamir se précipite dans les bras de son père, qui
pose sa main droite sur la tête de son fils ; Irène
presse tendrement son frère contre son sein. Mou-
vement sympathique parmi les Barbares.)
    BÉLISAIRE, IRÈNE, ALAMIR.
   Que, dans l'ivresse
   De sa tendresse,
   Mon cœur te presse
   Avec transport !
   Plus de détresse,
   De cruel sort !
   De ma blessure
   Guérison sûre !
   Tendre nature !
   Bonheur sans fiel !
   Etreinte pure !
   Je suis au Ciel !
      BÉLISAIRE.
Partons, car la tempête
Gronde, hélas ! sur ce lieu.
      OTTARIO, LE CHŒUR.
Reste...
      BÉLISAIRE.
   Quoi donc !
      OTTARIO, LE CHŒUR.
      Arrête !
Rends-nous ce chef. Un vœu.

Nous a liés ensemble.
Cette Bysance, qui tremble,
Doit périr...

BÉLISAIRE.

Ah ! que dis-tu ?

OTTARIO, LE CHOEUR.

Un pacte inviolable
Enchaîne sa vertu.

BÉLISAIRE.

Un pacte ?

ALAMIR.

Ah !

BÉLISAIRE (à Alamir, qui demeure interdit).

Est-il vrai ?

(Avec force.)
Réponds.

ALAMIR.

Je l'ai juré,
Avec eux je dois vivre.
Que la mort me délivre !
Oui... !

(Il lève le bras pour se frapper.)

IRÈNE (l'empêchant de se tuer).

Arrêtons son bras !

OTTARIO (à Bélisaire du ton du reproche).

Et toi... !

BÉLISAIRE (au comble de la désolation).

Je n'y vois pas...

OTTARIO, CHOEURS.

(A Alamir.)

Eh bien ! vis. Nous rompons l'alliance ;
(Il désarme Alamir et le conduit vers Bélisaire.)
Mais la mort va planer sur Bysance.
Ton pays a perdu sa puissance
Quand ce chef eut l'œil privé du jour.

BÉLISAIRE, ALAMIR, IRÈNE.

Fiers guerriers, perdez cette espérance ;
Sur nous veille une sainte influence.
Chaque Grec, pour défendre Bysance,
Deviendra Bélisaire à son tour.

(Les trompettes des Barbares commencent leurs fan-
fares ; ils partent, guidés par Ottario. Bélisaire et
sa fille se retirent par le fond de la scène égale-
ment, mais en prenant une route opposée à la leur.)

ACTE IV.

Tente de Justinien, ouverte dans le fond ; elle laisse voir les sommités de l'Émus.

SCÈNE I.

ANTONINE (seule).

Quand l'empereur va rentrer dans sa tente
Je veux tomber à ses genoux.
Ma prière repentante
Apaisera son trop juste courroux.

SCÈNE II.

ANTONINE et EUTROPE.

ANTONINE.

Mais que vois-je ? Le perfide !

EUTROPE.

Vers toi l'amour me guide.
Viens....

ANTONINE.

Misérable, laisse-moi ;
As-tu pu croire, ô cœur bas et vulgaire,
Que la femme de Bélisaire
Daignât s'abaisser jusqu'à toi ?

Tu m'as servie en ma rage insensée
Comme un vil instrument.
Mais d'un héros dans ma pensée
Pouvais-tu donc tenir la place un seul moment ?

EUTROPE.

Quel langage ! Est-ce toi....? Redoute ma ven-
[geance !

(Il approche d'Antonine en mettant la main sur son
poignard.)

ANTONINE (froidement).

Je viens chercher la mort : c'est ma seule espé-
[rance.

Toi, fuis si tu crains pour tes jours.
L'empereur va bientôt paraître ;
Il saura tout ; il punira le traître
Qui l'offensa déjà par de lâches détours.

EUTROPE.

Prends garde....

ANTONINE.

Fuis, te dis-je ; en un instant
[peut-être

De notre crime il entendra l'aveu;
Puis d'un époux j'irai chercher la trace,
Afin d'obtenir ma grâce,
Le pardon d'un grand homme avant celui de
[Dieu.

EUTROPE.

Tu périras si tu m'accuses.
Adieu, je saurai bien déjouer tes complots.

ANTONINE.

Tu verras échouer tes infernales ruses
Contre la volonté d'en haut !

(Eutrope sort.)

SCÈNE III.

Romance.

ANTONINE.

Jeune ombre dont la voix plaintive
Parlait de haine, et non d'amour;
Qui volais, triste et fugitive,
Autour de mon front nuit et jour,
Ton aspect trouble moins mon être.
Va-t'en, ô fantôme vengeur !
Laisse enfin, oh! laisse renaître,
La douce pitié dans mon cœur....!
Des guerriers la troupe s'avance,
Dissimulons nos maux; craignons, craignons leurs
[yeux.
De l'empereur redoutons la présence.
Où m'abriter ? Cachons-nous dans ces lieux.

(Elle se cache derrière une tapisserie.)

SCÈNE IV.

Les soldats grecs remplissent peu à peu la tente.

CHOEUR DES SOLDATS GRECS.

Ils ont juré, ces vils Barbares,
Ces farouches et durs guerriers,
De briser nos marbres si rares,
D'abattre nos temples altiers;
Ils ont juré dans leur furie,
Ces peuples errants et grossiers,
D'ensevelir notre patrie
Sous la poudre de leurs coursiers....!
Mais, vaine rage,
Ils passeront
Comme un orage
Sur notre front .
Sans que Dieu veuille
Sacrifier,
Grèce, une feuille
De ton laurier.

SCÈNE V.

LES MÊMES, JUSTINIEN.

JUSTINIEN.

Allez au camp; dites aux capitaines
Que l'aurore aux lueurs prochaines
Verra commencer le combat.

SCÈNE VI.

JUSTINIEN ; ANTONINE, pâle et échevelée.

JUSTINIEN.

Mais que vois-je ?

ANTONINE.

Une triste et malheureuse femme !

JUSTINIEN.

Que viens-tu faire ?

ANTONINE.

Oh ! soulage mon âme
D'un crime dont le poids l'abat.

JUSTINIEN.

Ouvriras-tu toujours la bouche
Pour accuser ?

ANTONINE.

Je voudrais que les cieux
L'eussent fermée avant mon mensonge odieux.
César, le repentir me touche;
Celui que je ne peux plus nommer mon époux.
Etait innocent....!

JUSTINIEN.

Quoi!

ANTONINE.

La lettre accusatrice
Venait de moi, d'Eutrope, mon complice.
Cette fausse écriture, elle émanait de nous !

JUSTINIEN.

Scélérats, qu'à la mort on vous mène !

ANTONINE.

Je désire la fin d'un tourment trop amer;
Mais aux pieds d'un époux souffrez que je me
[traîne.
Qu'il détourne de moi sa haine !
Je veux la tombe, et non l'enfer !
Jour sinistre où l'innocence
Fut livrée à ma vengeance,
Jour fatal qu'en sa clémence
Du temps Dieu devrait rayer,
Toi qui fais que ma présence
Vient moi-même m'effrayer,
Je soutiens mon existence
Dans l'espoir de t'expier.

(On entend une grande rumeur qui approche; des
voix derrière le théâtre.).
Victoire !

JUSTINIEN.

Cris étranges;
Auraient-ils donc attaqué nos phalanges....?
(La tente s'ouvre.)

SCÈNE VII.

IRÈNE, entourée de pasteurs de l'Emus et des
soldats de la garde impériale.

JUSTINIEN.

Irène !

ANTONINE.

Mon enfant....!

IRÈNB (*courant dans les bras d'Antonine*).
Réjouis-toi, le fils que ton cœur pleure
N'est pas mort.

ANTONINE.

Ciel !

IRÈNE.

Alamir tout à l'heure
Te le rendra.

ANTONINE.

Qu'il vienne et que je meure.

IRÈNE (*à Justinien*).

Spectacle triomphant !
L'ennemi fuit.

JUSTINIEN.

Il fuit ! Irène, achève....

IRÈNE.

Et tu seras surpris comme en un rêve
Quand tu sauras le nom de son vainqueur.

JUSTINIEN, ANTONINE.

Quel est-il?

IRÈNE.

Bélisaire !

JUSTINIEN.

Lui! Se peut-il?

ANTONINE.

Qui! lui !

JUSTINIEN.

Parle.

ANTONINE.

Mon père,
Le front baissé, l'angoisse dans le cœur,
A mes côtés gravissait la colline.
Tout à coup, du camp qu'elle domine,
J'ai vu s'enfuir et monter jusqu'à nous
Des guerriers grecs attaqués dans leur tente.
Mon père, plein de courroux,
S'est écrié d'une voix éclatante :

« Quand Bélisaire est si voisin de vous,
» Ne fuyez pas. » Par ce noble langage
Les fuyards arrêtés
Ont aussitôt retrouvé leur courage.
D'un nouveau feu les soldats transportés
Faisant sonner la trompette guerrière,
Et dans leurs bras élevant Bélisaire,
Sur l'ennemi se sont précipités:
La horde a fui bientôt devant nos armes.
Le peuple grec reste victorieux.

JUSTINIEN.

O jour de gloire !

ANTONINE.

O moments pleins de charmes !
La joie encore a pu mouiller mes yeux.

(On entend des sons funèbres mêlés de cris de douleur; tous semblent frappés du pressentiment d'un
grand malheur:)

TOUS.

De quels cris d'alarmes
Résonnent les cieux !
Une voix plaintive
Jusqu'à nous arrive.
Etrange terreur
Qui trouble mon cœur !

SCÈNE VIII.

LES MÊMES, ALEXIS.

ALEXIS.

Eternelle plainte !
O jour de malheur !

IRÈNE.

Notre père....

ANTONINE.

O crainte !

ALEXIS.

Trop cruelle atteinte !
Un dard, du vainqueur
A percé le cœur !

SCÈNE IX.

LES MÊMES; GARDES.

(Bélisaire, accompagné d'une lugubre musique, est
apporté sur les boucliers des vétérans.)

TOUS.

Quel coup!.... On l'apporte.
(Irène et Alexis courent vers leur père.)

JUSTINIEN.

Destin rigoureux !

ALEXIS.

Cette âme si forte...!

IRÈNE.

Que ne suis-je morte!

TOUS.

Que l'azur des cieux
Se voile à nos yeux!

JUSTINIEN.

Ami....

(Sa voix est étouffée par les gémissements ; il presse
la main de Bélisaire.)

BÉLISAIRE.

Toujours juste,

(Il prend les mains de ses enfants.)

Veille sur leur sort.
Sur eux, prince auguste,
Etends ton bras fort.

(Il montre sa fille.)

JUSTINIEN.

J'expirai mon tort...

ANTONINE et BÉLISAIRE.

Pardonne...

(Elle tombe aux pieds de Bélisaire, qui veut se lever
en entendant la voix d'Antonine, mais qui retom-
be sans vie.)

TOUS (avec horreur).

Il est mort !

ANTONINE (concentrée).

Il succombe, et sans parole
Qui pardonne et me console,
Sa grande âme qui s'envole
Me condamne en cet adieu.
Tremble, épouse trop coupable.
Il m'accuse auprès de Dieu.
La misère qui m'accable
Rend la mort mon plus cher vœu.

TOUS (excepté Irène et Alamir).

Criminelle, indigne femme,
Sans pardon, va, fuis ces lieux ;
Chez les hommes vis infâme,
Sois maudite dans les cieux.
Qu'à toute heure dans ton âme
De l'enfer brûlent les feux...

ANTONINE.

Ciel terrible, sur ma tête
Déjà gronde la tempête.
A frapper la foudre est prête,
Je n'espère plus en toi.
Par la honte poursuivie,
Et pour tous objet d'effroi,
Dans chaque heure de ma vie
Quel supplice, ô Ciel ! pour moi.

(Elle veut s'enfuir, comme insensée ; mais, en se
trouvant en face du cadavre de Bélisaire, elle pous-
se un grand cri et tombe sur le sol.)

FIN.

Placer des syllabes rimées sous d'autres syllabes en conservant une mesure
musicale inflexible et en se pliant aux lois d'une versification étrangère, voilà
ce que c'est que la traduction d'un opéra. Ce travail, difficile et ingrat, récla-
me donc une excessive indulgence. Heureux lorsque, après beaucoup de peines
et d'ennuis, on arrive à faire jouir son pays d'un chef-d'œuvre lyrique de plus !

H. L.

Imprimerie de GUIRAUDET et JOUAUST, 315, Saint-Honoré.

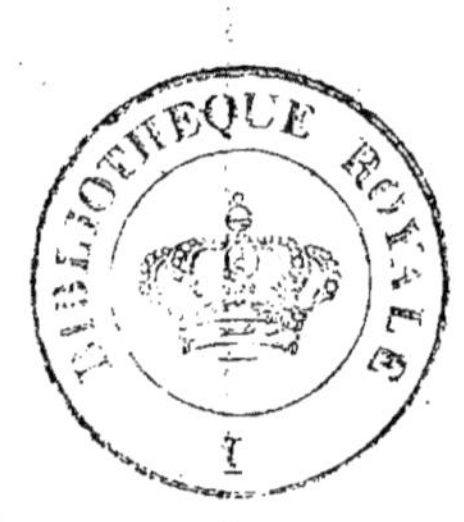

BIBLIOTHEQUE ROYALE

ARRANGEMENTS ET OUVRAGES

COMPOSÉS SUR LE

BÉLISAIRE, MUSIQUE DE DONIZETTI,

Publiés chez Pacini, éditeur de musique,

PROPRIÉTAIRE DE CET OPÉRA,

BOULEVART DES ITALIENS, 11, A PARIS.

PRIX NET SANS REMISE.

DONIZETTI. — BÉLISAIRE, partition pour piano, disposée pour la conduite de l'orchestre, augmentée des deux romances nouvelles composées pour l'opéra, paroles françaises de H. LUCAS. . . . . 30 fr. net.

Premiers Rôles.

ANTONINE, soprano . . . . 10 fr. net.
IRÈNE, mezzo soprano. . . . . 10 fr. net.
ALAMIR, ténor. . . . . 10 fr. net.
BÉLISAIRE, bariton . . . . 10 fr. net.

Seconds Rôles.

JUSTINIEN, basse. . . . . 8 fr. net.
EUTROPE, ténor . . . . 8 fr. net.

Troisièmes Rôles.

OTTARIO, ténor . . . . 3 fr. net.
EUDORA, soprano. . . . . 2 fr. net.

Chœurs.

Premiers et seconds dessus, premiers et seconds
ténors, premières et secondes basses. . . . 40 fr. net.

Parties d'orchestre . . . . 100 fr. net.

Le tout, 200 francs net, sans remise.

PRIX MARQUÉ.

CZERNI. — Trois fantaisies pour piano, sur des motifs de Bélisaire, chaque . 6 f. » c.
HERZ (l.). — Variations brillantes pour piano, sur une cavatine de Bélisaire. 7 50
MOCHELÈS. — Deux mélanges pr piano, sur des thèmes de Bélisaire, chaque 6 »
HERZ (l.). — Variations brillantes pour violon et piano, sur Bélisaire. 7 50
DONIZETTI. — Bélisaire, partition complète pour piano solo, avec accompagnement de violon ou flûte *ad libitum.* 24 »
HERZ (l.). — Variations brillantes pour piano à 4 mains, sur des thèmes de Bélisaire. 9 »

Imprimerie de GUIRAUDET et JOUAUST, 315, rue Saint-Honoré.